LOS PLANETAS

Linda Aspen-Baxter
and Heather Kissock

SPANISH & ENGLISH eBOOKS
AV2
BY WEIGL
ADDED VALUE • AUDIO VISUAL

www.av2books.com

This AV² media enhanced book gives you a fully bilingual experience between English and Spanish to learn the vocabulary of both languages.

English   **Spanish**

AV² Bilingual Navigation

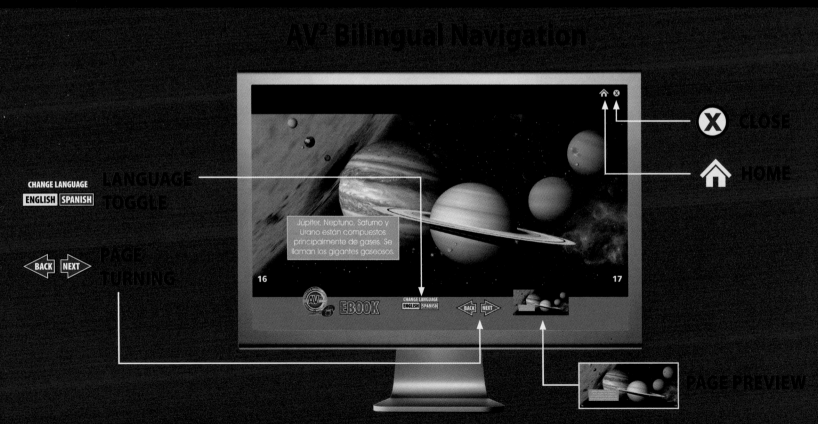

CHANGE LANGUAGE
ENGLISH SPANISH
LANGUAGE TOGGLE

X CLOSE

HOME

BACK NEXT
PAGE TURNING

PAGE PREVIEW

2

LOS PLANETAS

CONTENIDO

4

La Tierra es un planeta. Se mueve en una trayectoria alrededor del Sol.

5

Hay otros siete planetas que también se mueven alrededor del Sol. Estos planetas son Mercurio, Venus, Marte, Júpiter, Saturno, Urano y Neptuno.

Estos ocho planetas y el Sol se conocen como el sistema solar.

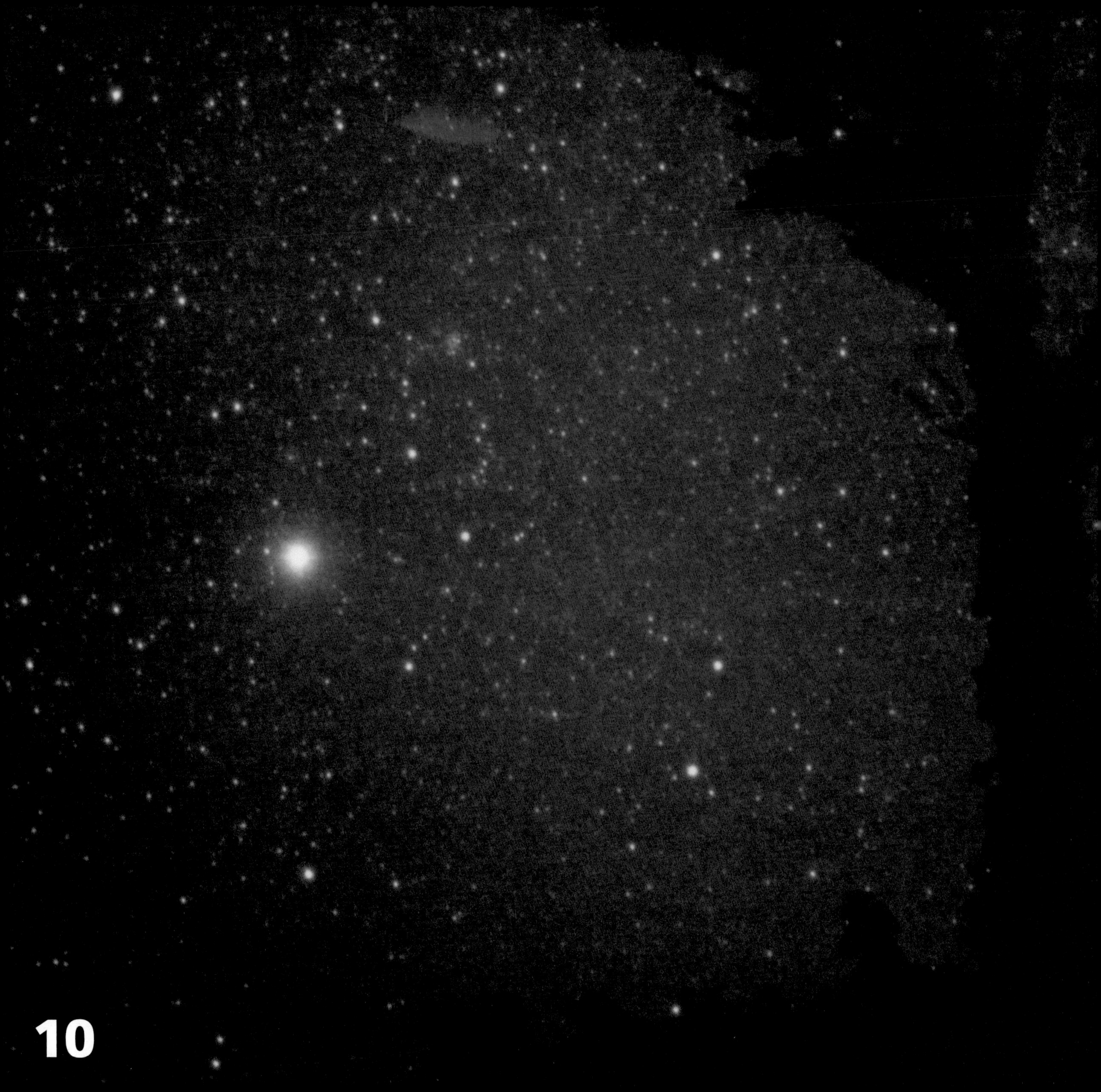

10

Los planetas parecen estrellas, pero no titilan. Venus es el planeta más brillante.

Algunos planetas son pequeños.
Mercurio es el planeta más
pequeño. También es el planeta
más cercano al Sol.

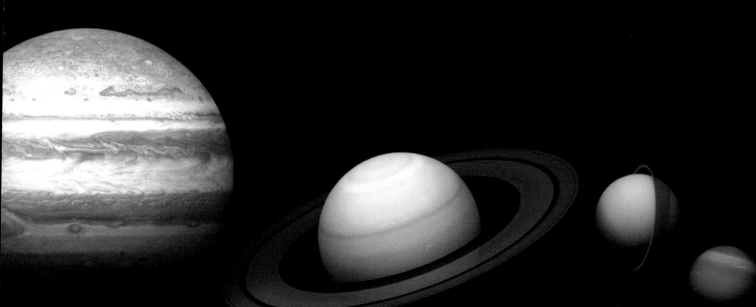

Algunos planetas son grandes.
Júpiter es el planeta más grande.

Júpiter, Neptuno, Saturno y Urano están compuestos principalmente de gases. Se llaman los gigantes gaseosos.

La Tierra, Marte, Mercurio y Venus están compuestos principalmente de roca.

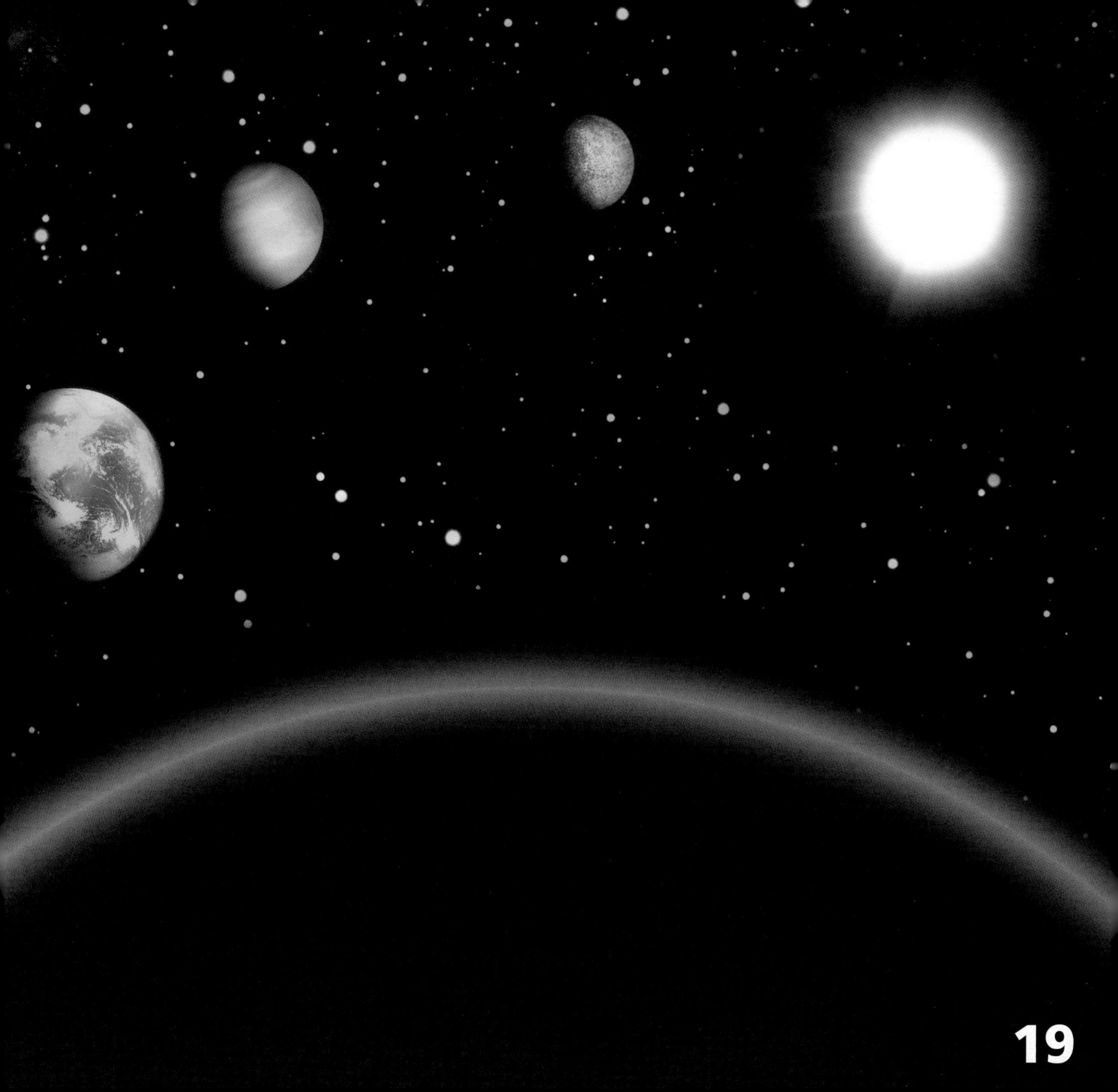

La Tierra es diferente a los demás planetas. En la Tierra hay vida.

DATOS ACERCA DE LOS PLANETAS

Esta página proporciona más detalles acerca de los datos interesantes que se encuentran en este libro. Basta con mirar el número de la página correspondiente que coincida con el dato.

Páginas 4–5

La Tierra es un planeta. Se mueve en una trayectoria alrededor del Sol. Pueden verse muchas cosas en el cielo. Algunos objetos en el espacio atraviesan el cielo lentamente. Generalmente son planetas. La palabra planeta proviene del griego *planete*, que quiere decir "viajero".

Páginas 6–7

Hay otros 7 planetas que también se mueven alrededor del Sol: Mercurio, Venus, Marte, Júpiter, Saturno, Urano y Neptuno. El sendero de un planeta alrededor del Sol se llama órbita. Los planetas viajan en dirección contraria a las manecillas del reloj. El tiempo en que un planeta completa una órbita entera es la duración de su año.

Páginas 8–9

Los 8 planetas y el Sol se llaman el sistema solar, debido a que el Sol es el astro alrededor del cual orbitan todos los planetas. "Solar" se usa para describir el Sol y su energía. La fuerza que mantiene a los planetas en su órbita alrededor del Sol se llama gravedad.

Páginas 10–11

Los planetas parecen estrellas, pero no titilan. Las estrellas están lejos de la Tierra. Su luz penetra varias capas de la atmósfera. Al hacerlo, la luz se dobla, o se refracta, muchas veces y en muchas direcciones. Esto produce el efecto titilante. Los planetas están más cerca de la Tierra. Se ven tan grandes que su luz refractante no se nota.

Algunos planetas son pequeños. Mercurio es el planeta más pequeño, y el más cercano al Sol. Un planeta se mide por su diámetro. Mercurio, Marte, Venus y la Tierra son los cuatro planetas más pequeños. Mercurio tiene un diámetro de 3,031 millas (4,878 kilómetros), y el de la Tierra es de 7,926 millas (12,102 kilómetros).

Algunos planetas son grandes. Júpiter es el planeta más grande. Hay una gran diferencia de tamaño entre los planetas. Por ejemplo, Júpiter tiene un diámetro de 88,846 millas (142,984 kilómetros). Urano, el planeta que le sigue en tamaño a la Tierra, tiene un diámetro de 31,814 millas (51,200 kilómetros).

Júpiter, Neptuno, Saturno y Urano están compuestos de gases. Se llaman los gigantes gaseosos. Estos 4 planetas están en los confines del sistema solar. El espesor de sus atmósferas es de miles de millas (kilómetros). Es sólo en el centro de cada planeta que se encuentra un núcleo de roca y hielo.

La Tierra, Marte, Mercurio y Venus están compuestos principalmente de roca. Son los 4 planetas internos, los más cercanos al Sol. Tienen características similares, como volcanes y montañas. En su centro hay un núcleo de metales pesados, generalmente hierro. Algunos tienen una atmósfera delgada, otros no tienen ninguna. La de la Tierra está compuesta de gases.

La Tierra es diferente a los demás planetas. Hay vida en la Tierra. Los científicos creen que es porque la distancia entre el Sol y la Tierra le brinda el calor necesario para mantener vida, y el agua en la Tierra también contribuye a la supervivencia de seres vivientes.

Check out av2books.com for your interactive English and Spanish ebook

1 Go to av2books.com

2 Enter book code

C764416

3 Fuel your imagination online!

www.av2books.com

Published by AV² by Weigl
350 5th Avenue, 59th Floor New York, NY 10118
Website: www.av2books.com   www.weigl.com

Copyright ©2013 AV² by Weigl

Library of Congress Control Number: 2012019002
ISBN: 978-1-61913-215-3

Printed in the United States of America in North Mankato, Minnesota
1 2 3 4 5 6 7 8 9 0 16 15 14 13 12

062012
WEP100612

Senior Editor: Heather Kissock
Art Director: Terry Paulhus

Weigl acknowledges Getty Images as the primary image supplier for this title.